Sandra Friederich

500 nations: Die Geschichte der Indianer

GRIN Verlag

Bibliografische Information der Deutschen Nationalbibliothek:

Die Deutsche Bibliothek verzeichnet diese Publikation in der Deutschen National-
bibliografie; detaillierte bibliografische Daten sind im Internet über http://dnb.d-
nb.de/ abrufbar.

Impressum:

Copyright © 2008 GRIN Verlag GmbH
Druck und Bindung: Books on Demand GmbH, Norderstedt Germany
ISBN: 978-3-640-78430-1

Dieses Buch bei GRIN:

http://www.grin.com/de/e-book/163822/500-nations-die-geschichte-der-indianer

GRIN - Your knowledge has value

Der GRIN Verlag publiziert seit 1998 wissenschaftliche Arbeiten von Studenten, Hochschullehrern und anderen Akademikern als eBook und gedrucktes Buch. Die Verlagswebsite www.grin.com ist die ideale Plattform zur Veröffentlichung von Hausarbeiten, Abschlussarbeiten, wissenschaftlichen Aufsätzen, Dissertationen und Fachbüchern.

Besuchen Sie uns im Internet:

http://www.grin.com/

http://www.facebook.com/grincom

http://www.twitter.com/grin_com

Inhaltsverzeichnis

1. Einleitung

„Willkommen bei 500 Nations. Hallo ich bin Kevin Kostner." So beginnt jede einzelne der acht Folgen von 500 Nations, in welchen Kevin Kostner sich der Vergangenheit der Indianer annimmt und den Zuschauern hierdurch einen faszinierenden Einblicke in die Kultur, das Leben und die Geschichte der 500 Völker, die einst den amerikanischen Kontinent besiedelten, ermöglicht.

„Das Bild der Indianer ist bei den meisten von uns durch das Kino geprägt, wo Leinwandhelden ganze Armeen von feindlichen Rothäuten bekämpfen. Der wilde Indianer auf dem Kriegspfad, der über die weite Prärie reitet, ist nach wie vor das Symbol für alle amerikanischen Indianervölker." Um dieses Bild, welche von der amerikanischen Filmkunst vermittelt wird, richtig zu stellen, gibt Kevin Kostner den Zuschauern die Möglichkeit einen Blick auf die andere Seite des Geschehens zu werfen: In der Dokumentation „500 Nations" wird das gesamte historische Geschehen aus der Perspektive der Indianer geschildert, welche vor dieser Dokumentation weitgehend unbeachtet blieb.

Den ersten Teil dieser Arbeit widme ich den Schicksalen einzelner Völker, welche sich drastisch verändern mussten, als die ersten Kontakte mit den Amerikanern entstanden. Hierbei beginne ich bei den Haudenosaunee, Shawnee, Cherokee und den Apachen. Bei den Great Plains betrachte ich mir das Schicksal zweier Stämme an: den Cheyenne und den Sioux.

Im zweiten Teil werde ich Bezug nehmen auf den „General Allotment Act", welcher den Höhepunkt der indianischen – amerikanischen Streitigkeiten darstellt und die Existenz der Indianer schwerwiegend bedroht hat.

Ausgehend von diesen Informationen werde ich im zweiten Teil der Arbeit die politischen Absichten der Amerikaner in den einzelnen Regionen miteinander vergleichen und die Grundlagen der amerikanischen Indianerpolitik herausarbeiten.

Hiernach werde ich mir das Handeln Amerikas aus der Sicht der Indianer anschauen. Hierbei gehe ich folgender Fragestellung nach: Wie sehen die Indianer die Vereinigten Staaten politisch?

In der Schlussreflexion beschäftige ich mich mit dem Ausmaß der Dokumentation und runde die Arbeit durch den Einfluss meiner subjektiven Meinung ab.

2. Schicksale der Stämme

Den ersten Kontakt der Indianer mit Weißen fand im Jahre 1492 statt, als Christoph Kolumbus auf der Suche nach dem westlichen Seeweg nach Indien war. Schnell wurde klar, dass Kolumbus nicht in Indian gelandet war, sondern im späteren Amerika. Von dieser Begegnung mit Kolumbus tragen die Ureinwohner jedoch immer noch eine Erinnerung: Kolumbus nannte sie die „Indianer".

Zu diesem Zeitpunkt waren auf dem Kontinent unzählige verschiedene Stämme angesiedelt. Diese kann man folgender Übersichtskarte entnehmen:

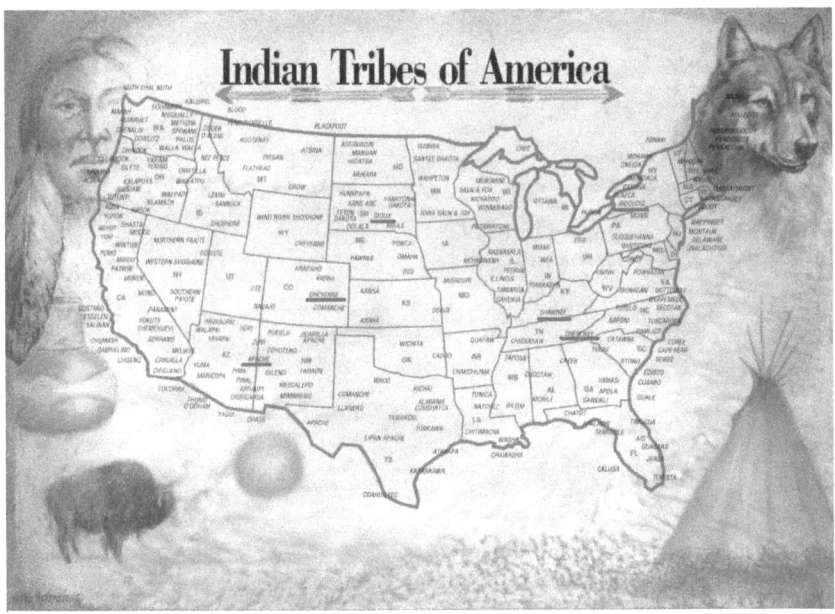

(Grafik entnommen aus URL[1])

Die rot unterstrichenen Stämme behandle ich im Nachhinein noch einmal genauer.

---

[1] http://www.xmission.com/~amauta/images/indianmap.jpg

2.1. Die Haudenosaunee

Die Haudenosaunee sind als älteste Demokratie Nordamerikas in die Geschichte eingegangen. Sie setzen sich aus fünf indianischen Nationen zusammen und befanden sich dort, wo heute der Staat New York ist. Sie setzen sich zusammen aus den Mohawk, den Oneida, den Onandaga, den Cayuga und den Seneca. Gemeinsam bilden sie die Irokesen, oder wie man sie in ihrer Landessprache nennt: die Haudenosaunee.[2]

Die fünf Nationen der Irokesen und ihre Siedlungsgebiete, circa 1650

(Grafik entnommen aus Wikipedia[3])

Diese fünf Nationen lebten unabhängig voneinander, waren jedoch zugleich auch miteinander vereint. Die Idee die dahinter steckt war ein konkreter Plan für die demokratische Organisation, basierend auf den sozialen Strukturen der Völker. Die Stämme selbst lebten in Klans, welche für sie einen Ort der Sicherheit repräsentierten. Die Klanzugehörigkeit wurde von der Mutter an die Kinder weitergegeben.[4] Die Kinder verschiedener Klans wurden miteinander verheiratet und somit fand eine Verflechtung zwischen den einzelnen Klans statt. Jeder Klan hatte einen Klanchef, welcher aus Vertrauen von seinem Stamm gewählt wurde. Somit hatten die Haudenosaunee eine repräsentative Demokratie aufgebaut. Benjamin Franklin nahm 1754 an einer Konferenz teil und schlug 22 Jahre später ein ähnliches Model für die Kolonien vor. Es entstanden die Vereinigten Staaten. Das Modell der repräsentativen Demokratie verschaffte den Irokesen Frieden für Jahrhunderte.

Dieser Frieden dauerte bis zum amerikanischen Unabhängigkeitskrieg an. Das Gebiet der Haudenosaunee lag zwischen den zwei Streitmächten der amerikanischen und britischen Front.

---

[2] 500 Nations, Folge 5, Die Haudenosaunee: Amerikas erste Demokratie.
[3] http://de.wikipedia.org/wiki/Irokesen
[4] 500 Nations, Folge 5, Die Haudenosaunee: Amerikas erste Demokratie.

Beide Seiten wollten das Gebiet für sich gewinnen. Jedoch blieb der Rat der Haudenosaunee seinen friedlichen Grundsätzen treu und beharrten auf Neutralität. Doch schon wenige Jahre später glückte ein weiterer Versuch von Joseph Brand die fünf Nationen auf die britische Seite zu ziehen. Der Meinungswechsel folgte aufgrund einer Plünderung der Amerikaner in liberalen Gebieten der Haudenosaunee. Das nahmen sie als Auslöser sich mit der Opposition, den Briten, zu verbünden. Jedoch schlossen sich nicht alle den Briten an, da auch ein Teil der Irokesen stark von den amerikanischen Missionen beeinflusst wurden. Dies sorgte dafür dass am Ende eine ganze Nation nahe dem Bürgerkrieg stand.[5]

1779 reiste General John Sullivan mit 5000 Männern in das Gebiet der Seneca. Dort brannte Sullivan ihre Dörfer nieder. Am Ende waren alle fünf Nationen verwüstet und lediglich zwei Städte der Haudenosaunee unversehrt. Die Stämme hatten keine Möglichkeit die verlorene Ernte zu ersetzen und viele starben aus Hunger, Kälte und Krankheit.

Im Jahre 1783 kapitulierte die britische Regierung im Vertrag von Paris und weite Teile der Haudenosaunee wurden von den Amerikanern beschlagnahmt. Sie nahmen den Haudenosaunee nicht nur ihr Land, sondern auch ihre hochgeschätzte Unabhängigkeit. Lediglich das Herzstück des Landes wurde den Irokesen im Jahr 1790 zugestanden.

Die Front der Invasion zog weiter ins Ohio Tal, in welchem die Shawnee ansässig waren.

2.2. Die Shawnee

Die Shawnee befanden sich in den heutigen US-Bundesstaaten Ohio, West Virginia, Kentucky und im westlichen Pennsylvania. In den nächsten zwanzig Jahren nach der amerikanischen Revolution gewannen die Vereinigten Staaten immer mehr indianisches Land durch Schlachten und dubiose Verträge. Die Missionare untergruben die kulturellen und religiösen Werte der indianischen Gemeinschaft. Sie brachten das Christentum mit und wollten den Indianern ihre Religion regelrecht aufzwingen. Das Land, der Lebensunterhalt, die Kultur und der Glaube wurden stark bedroht. Die enttäuschten Krieger tauschten ihre kärglichen Reserven gegen Alkohol, um ihre Schmerzen zu lindern.

Das Problem mit dem Rum legte den ganzen Stamm lahm. Tenskwatawa, der Bruder des Anführers Tecumseh, war ebenfalls dem Alkohol verfallen. Eines Tages hatte er eine Offenbarung, in welcher er

---

[5] 500 Nations, Folge 5, Im Hexenkessel von Revolution und Bürgerkrieg, Die Haudenosaunee: Amerikas erste Demokratie.

eine göttliche Botschaft erhielt: „Verlasst die Wege des weißen Mannes und kehrt zurück zu den alten Lehren"[6]. Nach dieser Offenbarung wurde Tenskwatawa Prophet und hielt sein Stamm vom Alkohol und anderen Dingen, wie den Ideen der Weißen, fern. Tecumseh, der Anführer der Shawnee, mahnte darauf hin sein Volk zu den Wurzeln indianischen Lebens zurückzukehren. Tenskwatawa versprach seinem Stamm: Wenn ihr zu den eigenen Wurzeln zurück kehrt, könnt ihr auch die Weißen zurück schlagen und der Wohlstand wird zu uns zurückkehren. Diese Botschaft wurde verbreitet und Tecumseh wurde zum größten und mächtigsten Indianerführer aller Zeiten. Er bereiste 1808 das Umland und verbreitete die Nachricht mit politischer und militärischer Vision. Seiner Meinung nach gab es nur einen Weg das Übel zu beenden: Alle Indianervölker müssen sich zusammenschließen und ein gleiches Recht für alle fordern. Somit sollte die Habsucht und der Ehrgeiz der Weißen beendet werden.[7]

William Harry Harrison, der Gouverneur des Indiana Territoriums, sah Tecumseh als große Bedrohung. Er nutzte seine Abwesenheit um 1809 Häuptlinge in Indiana und Illinois davon zu überzeugen ihm 12000 m² Land zu verkaufen. Das gelang ihm und Tecumseh war empört. Er besuchte Gouverneur Harrison, um sein Land zurück zu fordern. Dies gelang ihm nicht und er war sicher, dass man das Unterfangen des Gouverneurs nur mit Gewalt aufhalten konnte. Aus diesem Grund zog Tecumseh weiter nach Süden um seine Allianz zu erweitern. Hier stoß er auf Widerstand, da viele Indianerhäuptlinge die Auseinandersetzung mit den Weißen als Selbstmord ansahen. Tecumseh schaffte es nicht alle Indianerstämme zusammenzuschließen und gemeinsamen Widerstand auszuüben. So kehrte er 1812 in seine Stadt Indiana zurück, welche in der Zeit seiner Abwesenheit völlig zerstört wurde und das gesamte Volk vertrieben wurde. Glücklicherweise hatte sein Bruder Tenskwatawa den Angriff der Amerikaner vorhergesagt und hatte somit die Möglichkeit das gesamte Volk zu evakuieren, bevor Harrison in die Stadt einfiel und alles niederbrannte.[8]

Nachdem Tecumseh zu seinem Stamm zurück gekehrt war, baute er mit seinem Bruder die Bewegung erneut auf.

1812 gab es einen Krieg zwischen den Briten und den Vereinigten Staaten und somit eine neue Chance für die Indianer durch ein Bündnis mit den Briten die Vereinigten Staaten zurückzudrängen. So drangen die britischen und indianischen Streitmächte das Fort in Detroit zur Aufgabe. Jedoch schon ein Jahr später wendete sich das Kriegsglück und die britischen und indianischen Gruppen

---

[6] 500 Nations, Folge 6, Der Traum vom eigenen Land der Indianer: Häuptling Tecumseh, Im Tal Ohio.
[7] 500 Nations, Folge 6, Der Traum vom eigenen Land der Indianer: Häuptling Tecumseh, Tecumseh.
[8] Ebd.

unterlagen den Amerikanern. Tecumseh starb im Krieg durch einen Schuss der Amerikaner. Das war der letzte Versuch des Shawnee - Stammes den weißen Mann aufzuhalten.[9]

2.3. Die Cherokee

Das Gebiet der Cherokee umfasste ursprünglich das Gebiet vom Ohio River bis hinein in die heutigen Bundesstaaten Georgia und Alabama. Sie zählten 1820 zu den fünf zivilisierten Stämmen, zusammen mit den Chickasaw, Choctaw, Muskogee und Seminolen. Für die Amerikaner waren die Cherokee der zivilisierteste Stamm von Allen.

Die Indianer, die dort lebten sahen ihre einzige Möglichkeit zu überleben darin sich dem Volk der Amerikaner anzupassen. Hierdurch wurden die ursprüngliche Tradition der Cherokee mehr und mehr vergessen und sie knüpften an die amerikanische Tradition an: Die Klans wurden zu einem republikanischen Staat nach amerikanischem Vorbild. Trotz der Anstrengung der Indianer wurde die Beziehung zu den Amerikanern durch Rassismus und Habgier gezeichnet. Der Bedarf an Land der Amerikaner wurde immer größer und die Indianer kontrollierten immer noch riesige Ländereien. Als in Georgia Gold entdeckt wurde, zogen weiße Truppen in das Dorf der Cherokee. Trotz der Verschmelzung mit der amerikanischen Gesellschaft hatten die Indianer keine Chance ihr Land zu behalten. Um die Ländereien der Cherokee zu erhalten, planten die Amerikaner die Ureinwohner umzusiedeln. 1830 verabschiedete Präsident Andrew Jackson den Indian Removal Act, welcher besagte, dass die Indianer westlich des Mississippi in das Indianergebiet Oklahoma umgesiedelt werden sollen. Die Cherokee Anführer fühlten sich betrogen und der Rat der Cherokee protestierte gegen die Umsiedlung.

Auch nach der Umsiedlung kämpfte das Oberhaupt der Cherokee noch gegen den Indian Removal Act. John Ross besuchte Washington und brachte Petitionen und Klagen an den Kongress. Diesen Prozess gewann er und das Gesetz wurde 1932 für nichtig erklärt. Präsident Jackson missachtete den Beschluss jedoch und ordnete die Vertreibung von rund 18 000 Cherokee an. 1838 traten die Indianer den Weg in das Reservationslager an. Der Umzug in das Indian Territory wird „Trail of Tears" genannt. Auf diesem starben mehr als 4000 Cherokee, was bereits ¼ der Gesamtbevölkerung der Cherokee darstellt.[10]

---

[9] 500 Nations, Folge 6, Der Traum vom eigenen Land der Indianer: Häuptling Tecumseh, Tecumseh.
[10] 500 Nations, Folge 6, Der Traum vom eigenen Land der Indianer: Häuptling Tecumseh, Die Cherokee.

2.4. Die Apachen

1848 wurde Kalifornien Teil der Vereinigten Staaten. Es zog ein neuer Strom des militärischen und zivilen Verkehrs gen Süden. Viele Reisende wählten die Route nahe der mexikanischen Grenze, welche durch die Gebiete der Cheyenne Apachen führten. Die Häuptlinge der Apachen gaben sich stets alle Mühe den Weißen gegenüber freundlich aufzutreten und sie in Frieden zu empfangen. Im Februar 1861 änderte sich das Verhältnis jedoch nachhaltig: Der Chokonen – Häuptling Chocise wurde von George Baskom angeklagt ein Kind von einer nahe gelegenen Ranch entführt zu haben. Baskom befahl eine Gefangennahme, jedoch gelang es Häuptling Chocise zu fliehen. Als Strafe hierfür erschoss Baskom die Begleitung von Chocise. Als Chocise hiervon erfuhr, war er sehr verärgert und versperrte von nun an den Zugang über den Apachen Pass. Die Reaktion hierauf von amerikanischer Seite war die kompromisslose Anweisung jeden Indianer zu erschlagen und die Frauen und Kinder gefangen zu nehmen. Hiermit wollten die Amerikaner den Indianern eine dauerhafte Lektion erteilen. Doch die Bemühungen der Amerikaner waren zwecklos. Chocise kämpfte neun Jahre lang den Guerilla Krieg gegen die amerikanische Kavallerie in den Dragoon Mountains.[11] Im Jahre 1872 versuchte General Oliver Howard Frieden zu schließen, Cochise stimmte unter der Bedingung zu, dass sein Volk ein eigenes Leben auf in ihrem eigenen Land leben darf. Die nächsten zwei Jahre war die Situation wie vereinbart, doch mit dem Tod von Chocise brach das Versprechen. 1976 wurde die Reservation am Apachen Pass aufgehoben und die übrig gebliebenen Indianer wurden in das geschlossene San Carlos Reservat gebracht. Zwei Drittel weigerten sich gegen die Zwangsumsiedlung. Sie wollten lieber den Anführern der Apachen folgen, welche die Freiheit um jeden Preis suchten. Einer dieser Anführer war Geronimo. Er stellte sie vor die Wahl entweder ins Reservat San Carlos zu gehen oder nach Mexiko, wo sie ein freies Leben genießen könnten, jedoch ständig von den mexikanischen und den amerikanischen Truppen verfolgt werden würden. Der Hauptteil der Indianer zog den Tod der Sklaverei und Inhaftierung vor.[12]

Im Jahre 1886 wurde Geronimo und seine Truppe von 8000 amerikanischen und mexikanischen Soldaten durch die Berge gejagt.

Am 3. September 1886 stellte Geronimo sich freiwillig General Miles, welcher ihm versprach als Gegenleistung nur für eine kurze Dauer die Indianer in Gewahrsam zu nehmen und sie danach in eine Reservation im Süd Westen zu entlassen. Später stellte sich heraus, dass dieses Versprechen nur ein Plan gewesen war Geronimo und seine Gefolgschaft in Indianergefängnisse nach Florida zu bringen.

---

[11] 500 Nations, Folge 8, Geronimo und Chief Joseph: Verzweifelter Kampf um Freiheit, Die Apachen.
[12] 500 Nations, Folge 8, Geronimo und Chief Joseph: Verzweifelter Kampf um Freiheit, Die Apachen.

Aus den angedachten zwei Jahren Reservation wurden 28 Jahre Gefängnis. Geronimo erlebte die Freiheit nicht mehr. Er starb nach 23 Jahren Kriegsgefangenschaft im Jahre 1909.

Die Plains
um 1800

1 Sarcee
2 Plains Cree
3 Blackfeet
4 Gros Ventre
5 Aasiniboin
6 Plains Ojibwa
7 Crow
8 Teton Sioux
9 Hidatsa
10 Mandan
11 Arikara
12 Yanktonai Sioux
13 Santee Sioux
14 Cheyenne
15 Ponca
16 Omaha
17 Yankton Sioux
18 Iowa
19 Oto
20 Pawnee
21 Arapaho
22 Kansa
23 Missouria
24 Kiowa
25 Kiowa-Apache
26 Osage
27 Comanche
28 Wichita
29 Quapaw
30 Lipan-Apache
31 Tonkawa
32 Kitsai

2.5. Die Great Plains

Die Plains bezeichnet ein Gebiet, welches vom Grasland von Mississippi bis an die Rocky Mountains führt. Dort vertrieben im Jahre 1680 Pueblovölker die dort angesiedelten Spanier und profitierten von ihren Pferdeherden. Die Arbeit mit den Pferden machte die Stämme berühmt, da sie sich nun leichter bewegen konnten und mehr Büffel jagen (Grafik entnommen aus URL[13]) konnten als vorher zu Fuß. Zu den Berühmtesten Stämmen gehörten die Comanche, Kiowa, Crow, Cheyenne, Sioux, Blackfeet, Arapaho und die Pawnee.

2.5.1. Die Cheyenne

1858 wurde am Pike Peak in Colorado Gold entdeckt. Vier Jahre später öffnete das Heimstättengesetz das Land für weiße Siedler. Diese verbreiteten im Gebiet der Plains Zerstörung. Um die Reisenden zu beschützen errichteten die Vereinigten Staaten Forts im gesamten Gebiet der Plains. Dort arbeiteten Kadetten aus Westpoint, welche speziell im Kampf gegen die Indianer ausgebildet waren. Ihre Aufgabe war es, die Indianer in begrenzte Gebiete zu zwingen: die Reservationen. Den Indianern blieben zwei Möglichkeiten: Kampf oder das Land aufgeben.

Allgemein sah der Großteil der Cheyenne wenig Hoffnung im Kampf. Zu ihnen gehörten zwei Häuptlinge: Black Kettle und White Antelope. Sie waren bereit ihr Land aufzugeben, um den Frieden zu erhalten und ihr Volk sicher durch die Zeit zu bringen. Aus diesem Grund schlossen die beiden Häuptlinge mit den Amerikanern Frieden und übertrugen ihr Land im Jahre 1861 an die Vereinigten Staaten. Sie waren einverstanden sich in Reservationen zurück zu ziehen und vereinbarten im Gegenzug Schutz vor Soldaten, Nahrung und Geld. Somit standen sie unter dem Schutz der weißen Flagge.

---

[13] http://www.indianer-web.de/plains/plains.htm

Am 29. November 1864 ritt trotz dieser Abmachung ein freiwilliger Chor aus Colorado zu dem Lager von Black Kettle und White Antelope. Die Truppen eröffneten das Feuer von zwei Seiten. Das Friedensabkommen wurde von amerikanischer Seite gebrochen. White Antelope wurde vor seinem Zelt erschossen. Black Kettle floh zum Flussbett um sich zu schützen. Doch auch dort wurden sie von den Soldaten umzingelt und beschossen. Nach einem Tag Belagerung zogen sie sich zurück und erschossen alle Cheyenne, die verletzt am Boden lagen. Bei diesem Massaker starben mehr als 500 der Südcheyenne.[14]

1868 wurden die Cheyenne in eine Reservation der Regierung eingewiesen. Im gleichen Jahr noch griffen Truppen der amerikanischen Armee unter der Leitung von George Armstrong Custer das schlafende Lager an und ermordeten Black Kettle, seine Frau und über 100 seiner Leute.

Der Ruf nach Frieden hatte die Cheyenne ihr Land und ihre Freiheit gekostet.

2.5.2. Die Sioux

Die nördlichen Plains waren Spiegelbild des Südens. Die Sioux wurden ebenfalls in die Reservationen getrieben. Einzelne Führer weigerten sich jedoch die Verträge zu unterschreiben und taten alles um frei zu bleiben. Unter ihnen ragten zwei Männer der Sioux heraus: Sitting Bull und Crazy Horse.

Im Sommer 1876 flohen tausende Cheyenne, Arapaho und Sioux aus den Reservationen um sich Sitting Bull und Crazy Horse anzuschließen. Schon bald waren es über 8000 Mann.

Am 25. Juni 1976 näherten sich fünf Kompanien der siebten Kavallerie unter der Leitung Custers dem Lager Sitting Bulls. Als Crazy Horse hiervon erfuhr versammelte er seine Männer und ritt aus zum Krieg. Die Schlacht war in 30 Minuten beendet. 260 Männer der Kavallerie starben und rund 150 Indianer. Der Anführer der Amerikaner, Custer, war hierbei gefallen. Die Indianer konnten diese Schlacht für sich behaupten.

Die Nachricht von der Niederlage amerikanischer Truppen erreichte die Vereinigten Staaten am 4.Juli 1876 und dämpfte die Feierlichkeiten des 100 jährigen Bestehens der Vereinigten Staaten. Die amerikanische Öffentlichkeit schrie nach Vergeltung. Die letzten Stämme der Plains sollten ihr Leben lang gejagt werden. Es gab einen monatelangen Kampf. Nach ungefähr einem Jahr ging Crazy Horse

---

[14] 500 Nations, 7. Folge, Die Besiedlung des Westens: Mord und Vertreibung, Black Kettle und White Antelope.

auf das amerikanische Friedensangebot ein. Sie erhielten als Gegenleistung Schutz und Nahrung von den Vereinigten Staaten.[15]

Am 5. September 1877 wurde Crazy Horse von der amerikanischen Armee hinterhältig eingesperrt. Auf seinen Widerstand hin wurde er von einem Soldaten mit einem Bajonette erstochen.

3. Der General Allotment Act

Der am 8. Februar 1887 verabschiedete „General Allotment Act" stellte den einschneidensten Angriff auf die verbliebenen Lebensräume der Indianer dar. Man ging von dem Gedanken aus, dass den Indianer nur geholfen werden kann, indem sie in die amerikanische Gesellschaft eingegliedert wurden. Dazu wurde das bis dahin den einzelnen Stämmen gehörende Land an seine Bewohner aufgeteilt. Das Hauptziel, welches hiermit verfolgt wurde, war es die Indianer zu Farmern zu erziehen. Das Land wurde folgendermaßen aufgeteilt:

- Jedes Familienoberhaupt bekam 64 ha Land
- Jeder Alleinstehende 32 ha Land
- Jeder Jugendliche unter 18 Jahren bekam 16 ha Land

Das übrig gebliebene Land wurde vom Büro für Indianerangelegenheiten meist an Weiße preiswert verkauft. Durch dieses Vorgehen ging den Indianern ein Großteil ihres Landes verloren.

Die Regierung führte grausame Maßnahmen durch: Den Indianerfamilien wurden ihre Kinder weggenommen, um sie in amerikanische Schulheime zu bringen und ihnen dort jegliche äußerliche Merkmale des Stammes wegzunehmen. Ihnen wurde verboten in ihrer Muttersprache zu sprechen und ihre Traditionen weiter auszuführen. Den Kindern wurde ein verzerrtes Bild der Indianer eingebläut und bekamen hierdurch Zweifel an ihrer eigenen Identität. Das amerikanische Ziel war es, dass die Kinder sich ihrer Herkunft schämen.

Die Kinder trugen die Kleidung der Weißen, gingen in die christliche Kirche und sagten nach einiger Zeit selbst, dass die Indianer ein schlechtes Volk sind.

Sie lebten in Internaten, welche in umgestalteten Kasernen eingerichtet wurden, in welchen früher Kämpfe gegen Indianer ausgerichtet wurden. Die Schüler lernten dort wie in der Armee zu marschieren.

---

[15] 500 Nations, 7. Folge, Die Besiedlung des Westens: Mord und Vertreibung, Black Kettle und White Antelope.

Durch die Maßnahmen der amerikanischen Regierung wurde den Kindern ihre Vergangenheit aus dem Gedächtnis gelöscht. Der General Allotment Act hatte eine zerstörerische Wirkung auf die überlieferten Indianerkulturen. Die Kultur der Indianerfamilien war absolut wehrlos gegen den Einfluss der Internate. Die Schüler vergaßen ihre Muttersprache und konnten hierdurch nicht mehr mit ihrer Familie kommunizieren. Den Indianerstämmen war hierdurch jegliche Möglichkeit des Fortbestandes der eigenen Kultur genommen.

4. Die amerikanische Indianerpolitik

1776 gelang es Amerika unabhängig von ihrem Mutterland zu werden. Die Vereinigten Staaten verfolgten den Grundsatz der Gleichberechtigung aller Einwohner. Hiervon ausgenommen waren die indianischen Ureinwohner des Kontinents. Man setzte bei indianischen Angelegenheiten die Politik der ehemaligen Kolonialherren fort und lediglich wenn die Amerikaner die Hilfe der Indianer bedurften wurden sie als gleichwertig anerkannt. Stellten die Indianer sich jedoch dem weißen Vorwärtsdrang in den Weg wurden sie brutal ermordet oder vertrieben.

Anfangs waren die Amerikaner darauf bedacht mit den Indianern Frieden zu halten. Ihnen wurde zugesichert, sie könnten das Land auf dem sie wohnen uneingeschränkt behalten. So ergab es sich, dass beide Seiten friedlich das genannte Factory System praktizierten, welches den Amerikanern zu Pelzen verhalf und im Gegenzug den Indianern Zugang zu Waffen ermöglichte. Hiermit verhalfen die Amerikaner den Indianern zu einem wesentlichen technischen Fortschritt. Ihr gesamtes Handeln wurde durch Dinge aus der europäischen Welt erleichtert: Sie bekamen Waffe, Pferde, einfache technische Utensilien wie Feuerzeuge und Werkzeuge. Die Amerikaner trugen ebenfalls einen großen Nutzen hiervon: Die getauschten Pelze wurden in Europa mit einem erheblichen Aufpreis weiterverkauft und machte sie wohlhabend.

Das Blatt wendete sich, als die ersten Armeen zur Landgewinnung eingesetzt wurden. Die Amerikaner respektierten die Liberalität der Stämme in keinerlei Hinsicht. Zum einen konnten sie keine Nahrungsmittel auf ihrem Feldzug tragen und fielen deswegen über indianische Dörfer her, die sich auf ihrem Weg befanden. Zum Anderen versuchten sie indianische Stämme auf ihre Seite zu ziehen, um militärisch anderen Ländern überlegen zu sein. Wenn die Stämme ihre Liberalität nicht aufgaben, wurden die Stämme überfallen und niedergebrannt. Das Land wurde dem Stamm entrissen und die Ureinwohner vertrieben.

Die Amerikaner bezeichneten das entdeckte Land als ihren eigenen Besitz. Die ursprünglichen Bewohner wurden somit zu rechtmäßigen Bewohnern der Vereinigten Staaten. Hiermit zwang man sie zur Integration und nahm ihnen das Recht auf die indianische Kultur und Religion. Das Land auf dem die Indianer lebten wurde von den Amerikanern benötigt, da sich die Massen auf den Kontinenten rapide vergrößerten. Aus diesem Grund verabschiedete die amerikanische Regierung Gesetze um die indianischen Ureinwohner umzusiedeln. Da dies oftmals auf Widerwillen der Indianer stoß, benutzte man Gewalt um sie aus ihren Dörfern zu vertreiben. Hierzu kam, dass in den Gegenden der Indianer Gold gefunden wurde und die Amerikaner stark daran interessiert waren das Gold zu herbergen und reich zu werden. Das Land der Indianer wurde hierbei völlig vernachlässigt und verwüstet.

Die erste Zwangsumsiedlung fand bereits im Jahr 1806 statt. Im Jahre 1830 wurde diese Vorgehensweise dann vom Indian Removal Act abgelöst, welcher gesetzlich die Grundlage dazu gab, jederzeit nach eigenen Vorstellungen die Indianer umsiedeln zu können, ohne auf die Bedürfnisse der Ureinwohner Rücksicht nehmen zu müssen.

Die Ureinwohner wurden in Reservationen gebracht. Hier hatten sie in den Anfangszeiten noch die Möglichkeit ihre eigene Kultur weiter zu pflegen ohne dass sie die Expansion der Amerikaner störten. Da diese Reservationen sich meist auf totem Land befanden zwang man die Indianer gleichzeitig in amerikanische Abhängigkeit, da sie mit Nahrung und Wasser versorgt werden mussten. Durch diese Abhängigkeit wurden die Reservationen immer mehr zu Gefängnissen für die Indianer.

Ein anderer Weg um an Land zu kommen war der Ankauf von Land. Da die indianischen Stämme oftmals nicht davon zu überzeugen waren ihr Land zu verkaufen, nahm man es ihnen durch dubiose Verträge weg und überlistete sie hierdurch. Es wurde 1871 der „Indian Appropriations Act" verabschiedet, welcher den Vereinigten Staaten half ihre Macht über die Indianer auszuweiten. Sie beendeten hiermit die hundertjährige Periode der Vertragsabschlüsse mit den Indianern. Mit der Politik der einseitigen Vertragsveränderungen wurde den Indianern der Status als souverän anerkannte Stämme aberkannt. Alle bisher abgeschlossenen Verträge behielten ihre Gültigkeit.

Insgesamt waren die Amerikaner nur auf das Wohl der weißen Siedler bedacht. Die Indianer wurden als Objekte oder gar Tiere gesehen und ihnen wurde kein eigener Wille zugestanden. Die Kompromisse, die man mit ihnen pflegte wurden oft gebrochen und auf Widerstand der Indianer hin wurden diese ausgelöscht. Das geschah auch dadurch, dass die Vereinigten Staaten ein sehr heterogener Staat waren und somit auf der einen Seite ihnen Frieden zugestanden wurde und hinter dem Rücken sie doch der Angriff der Vertragspartner drohte.

Niederlagen wurden von dem stolzen Land Amerika nicht akzeptiert. Oftmals suchten sie Genugtuung, indem sie trotz dem Friedensschluss den Häuptling der Indianer erstachen.

Der General Allotment Act stellt den Höhepunkt der amerikanischen Mission dar. Die Amerikaner nahmen den Indianern jegliche Möglichkeit ihre eigene Kultur weiter zu geben und sicherten sich die politische Obermacht auf dem ursprünglichen Kontinent der Indianer.

5. Wie sehen die Indianer die Amerikaner politisch?

Die Indianer konnten vor dem Eindringen der Amerikaner in Frieden miteinander leben. Ihre Ernährung wurde durch die Natur gedeckt und es entwickelte sich sogar ein annähernd demokratisches Zusammenleben in einigen Gegenden, welches ihnen ermöglichte sich strategisch gegen Feinde zu schützen.

Die indianischen Stämme waren stets bereit Kompromisse zu schließen. Da sie über keine ausgebildete Armeen verfügten und somit Familienväter und Häuptlinge im Kampf opfern mussten, zogen sie es vor, sich im Frieden miteinander zu einigen. Oberste Priorität hatte der Schutz von Kindern und Frauen. Oft gaben sie ihren Stolz auf um ihre Familien zu retten.

Doch diese gutmütige Art der Indianer wurde nicht geschätzt. Jedes Friedensversprechen wurde von den amerikanischen Truppen gebrochen. Die Enttäuschung hierüber kann man in einem Zitat eines Oglala Häuptlings ablesen:

„Sie machten uns viele Versprechungen, mehr als ich aufzählen kann. Sie haben niemals eine gehalten, bis auf diese: Sie versprachen, unser Land zu nehmen, und sie haben es genommen."

Durch die korrupte Behandlung ihres Volkes sahen die Indianer zunehmend ihre einzige Möglichkeit im Widerstand. Doch wie es das Schicksal wollte, schlossen sie sich stets mit den Ländern wie Britannien zusammen, welche den Amerikaner auf Dauer unterlegen waren.

Die indianischen Stämme hatten nur Pfeil und Bogen oder Speere für den Kampf zur Verfügung. Sie waren mit ihren Ausrüstungen den amerikanischen Armeen nicht ebenwürdig. Was ihnen im Krieg stets einen Vorteil verschaffte war der große Zusammenhalt innerhalb den indianischen Stämmen. Man war jederzeit bereit den anderen zu helfen, wenn Not bestand. Ihre einzige Möglichkeit ihr Land zu schützen lag im gemeinsamen Kampf gegen die Weißen. An diesem Punkt arbeiteten amerikanische Missionare gegen die indianische Kampfpolitik. Sie sorgten für einen Zwiespalte innerhalb den einzelnen Gegenden. Einige Stämme schlossen sich lieber den Amerikanern an und schwächten hiermit die einzige Möglichkeit auf einen Sieg.

Durch die Kämpfe mit den Weißen wurde viel Land zerstört und verwüstet und den Indianern wurde die Lebensgrundlage genommen: Die Büffel waren vom Handel mit den Weißen ausgerottet, das Land war völlig unfruchtbar.

Die Stämme wurden von ihrem Heimatland in Reservationen getrieben. Als Tausch für ihr Heimatland wurde ihnen versprochen in Frieden dort leben zu können. Doch dieses Versprechen wurde mit Angriffen auf die Reservationen von der amerikanischen Seite her gebrochen. Hinzu kommt noch, dass sich die indianischen Stämme in Abhängigkeit der Amerikaner geben musste, da die Reservationen sich Großteils auf unfruchtbares Land befanden und somit keine Möglichkeit bestand sich selbst zu ernähren. Die umgesiedelten Stämme bekamen das Versprechen Frieden, Nahrung und Geld für ihren Verzicht zu bekommen. In vielen Reservationen sahen die Indianer nichts hiervon.

Auch die Versuche politisch die Gesetze anzufechten und in Prozessen ihr Land zurück zu erobern schlugen fehl. Die Indianer gewannen zwar einige Gerichtsprozesse, doch wurde der Beschluss nicht respektiert und die Indianer trotzdem zur Umsiedlung gezwungen.

Es gab durchaus auch Indianerstämme, die versuchten durch Anpassung an die amerikanische Kultur ihr Land zu behalten. Doch diese Bemühungen wurden nicht belohnt, da das Land welches sie besiedelten immer wieder zum Punkt der Begierde der Amerikaner wurde. So kam es, dass sogar die zivilisierten Stämme der Indianer vertrieben wurden.

Die indianischen Ureinwohner fanden nirgendwo ihren Frieden. Sie übten Widerstand und Anpassung, doch keine Strategie konnte die Habgier der Amerikaner stoppen. Sie vertrieben die Ureinwohner restriktiv und bezeichneten das Land respektlos als das ihre. Was hätten einfache indianische Stämme gegen die militärischen Maßnahmen der Amerikaner schon anrichten können?

6. Schlussreflexion

Durch die Dokumentation 500 Nations bekommen die Zuschauer die Möglichkeit die Geschichte aus der Perspektive der 500 Nations zu betrachten. Da von den ursprünglichen Indianern lediglich 2,6 Prozent übrig geblieben sind, ist es schwer sich der Geschichte aus indianischer Sicht anzunehmen. Kevin Kostner scheut jedoch keinen Aufwand und zeigt in seiner Dokumentation Zeugen, welche einen wichtigen Teil zur Authentizität des Films beitragen.

Das Indianerbild im europäischen Raum war bis Mitte des 18. Jahrhunderts weitgehend negativ geprägt. Dies änderte sich durch kulturkritische Schriften von Jean Jaques Rousseau.

Etwa 100 Jahre später prägte Karl May das wohl bekannteste amerikanische Indianerbild. Er schrieb „Winnetou" während einer Zeit, in der man die Apachen als die blutrünstigste und mordlustigste Rasse überhaupt betrachtete und hielt diesem Bild eine Konzeption von den „edlen Wilden" entgegen. Karl May vermittelt hiermit eine durchgehend positive Einstellung den Indianern gegenüber. Er zeichnet die Beziehung zwischen Indianern und Weißen stets freundlich und beide Seiten sehr kompromissbereit.

Das Indianerbild von Karl May unterscheidet sich von der Dokumentation von Kevin Kostner insofern, dass die Indianer zwar positiv dargestellt werden, jedoch das Handeln der Vereinigten Staaten als unmenschlich dargestellt wird.

Den Zuschauern wird hiermit ein negatives Amerikabild vermittelt und das obwohl der Produzent des Films, Kevin Kostner, selbst ein gebürtiger Amerikaner ist. Er gehört zu der Minderheit, die sich den Fakten der indianischen Zeugen annehmen, um sich ein neues Indianerbild zu schaffen, weit weg vom amerikanischen Stolz, der hierbei nur im Wege steht.

Die sehr selbstkritische Dokumentation, ermöglicht es dem Zuschauer, fern ab von den neutralen Zahlen und Fakten, sich die Auswirkungen auf beiden Seiten des Geschehens bewusster zu machen. Er trägt zu einer Veränderung des Indianerbewusstseins bei und sorgt für Scham dem Volk der Weißen anzugehören, welcher den Indianern ihre gesamte Existenz durch Gier und Habsucht zerstört haben.

7. Literaturverzeichnis

Film:

500 Nations, die Geschichte der Indianer, Kevin Kostner, 1994 TIG Productions and PATHWAY Productions.

Internet:

http://www.indianer-web.de/plains/plains.htm, 29.4.09, 17:49 h

http://www.xmission.com/~amauta/images/indianmap.jpg, 25.4.09, 13:22 h

http://de.wikipedia.org/wiki/Irokesen, 25.4.09, 18:17 h

http://www.lernzeit.de/sendungarchiv.phtml?detail=132322, 23.4.09, 12:33 h